André CHAUMET

JUIFS ET AMÉRICAINS
ROIS DE L'AFRIQUE DU NORD

Les États-Unis seront le centre du judaïsme dans un avenir proche. L'Amérique nous offre une heureuse combinaison de circonstances multiples et si favorables que nous n'en avons jamais rencontré de pareilles dans l'histoire de notre dispersion.
Dr Elias Salomon, New-York, 1921.

THE SAVOISIEN & BAGLIS
2018
Droits de reproduction et de traduction réservés

"JUIFS ET AMÉRICAINS, ROIS DE L'AFRIQUE DU NORD"

DU MÊME AUTEUR

- *Peuples et patries socialistes d'Europe.* Centre d'action socialiste.
- *Angleterre, que veux-tu à Madagascar, terre française ?* Édt. Dompol (1943).
- *Bolchevisme and bobards entreprise juive.* Édt. Dompol Paris (1943).
- *Les buts secrets de la relève et du S.T.O.* Édt. C.E.A. (1944).
- *Le Chemin de la mort.* Avec préface de Paul Rives Édt. C.E.A. (1943).
- *Comment causer avec l'Allemagne.* Édt. Gap, impr. Louis Jean 1935.
- *Espagne 36, première tentative de bolchevisation de l'Europe.* Édt. C.E.A. (1943).
- *L'Inde martyre.* Édt. Jean-Renard Paris (1942).
- *Juifs et Américains, rois de l'Afrique du Nord Édition* : Édt. C.E.A. (1943).
- *Les Juifs et nous.* Édt., Jean-Renard Paris (1941).
- *Le Mythe bolchevique,* Édt Les Documents contemporains (1942).
- *Non, le bolchevisme n'est pas le socialisme.* Édt. C.E.A. (1943).

Seconde édition
2018
Droits de reproduction et de traduction réservés © 2018

Exegi monumentum ære perennius
Un Serviteur Inutile, parmi les autres

27 décembre 2018

SCAN, ORC
LE NOBLE INCONNU
(*qu'il en soit remercié*)

Mise en page
BAGLIS

Pour la Librairie Excommuniée Numérique des CUrieux de Lire les USuels
Toutes les recensions numériques de BAGLIS sont gratuites

"JUIFS ET AMÉRICAINS,
ROIS DE L'AFRIQUE DU NORD"

par

André CHAUMET

> *Les Etats-Unis seront le centre du judaïsme dans un avenir proche. L'Amérique nous offre une heureuse combinaison de circonstances multiples et si favorables que nous n'en avons jamais rencontré de pareilles dans l'histoire de notre dispersion.*
>
> D' Elias Salomon, New-York, 1921.

EDITIONS DU C. E. A.
21, rue La Boétie — Paris-8ᵉ

Couverture de la première édition paru en 1943
aux Éditions du C.E.A. 21, rue La Boétie – Paris-8ᵉ

André CHAUMET

Militant bonapartiste puis nationaliste, eut — du début des années 1930 à 1945 — une activité de responsable politique et de journaliste.

L'un des principaux rédacteurs de *Brumaire*, le journal des Étudiants bonapartistes, André Chaumet fut à partir de 1931, journaliste à *L'Indépendance française*, organe du Parti national populaire.

En 1935, avec les membres du Parti populaire socialiste national, qu'il avait fondé et qu'il dirigeait, il rejoignit, pour un temps, le Parti Franciste.

En 1937, il fut à l'origine du Front national du travail - Parti de la liberté.

Durant la deuxième guerre mondiale André Chaumet collabora au *Pays libre* de Pierre Clémenti et *Au Pilori*. Il dirigea par ailleurs *Le Cahier jaune* (Novembre 1941 – Février 1943) publié sous l'égide de l'Institut d'étude des Questions juives. Il assura aussi la direction de *Notre Combat* pour la Nouvelle France socialiste, revue financée par l'ambassade d'Allemagne et distribuée par les Éditions Le Pont, qui comporta 88 numéros parus d'août 1941 à avril 1944. A partir du 28 avril 1944, il eut la responsabilité de l'hebdomadaire *Germinal*.

En parallèle, il fut un des dirigeants du Comité d'action anti-bolchevique.

Il fut inscrit sur la liste noire du Conseil national des écrivains.

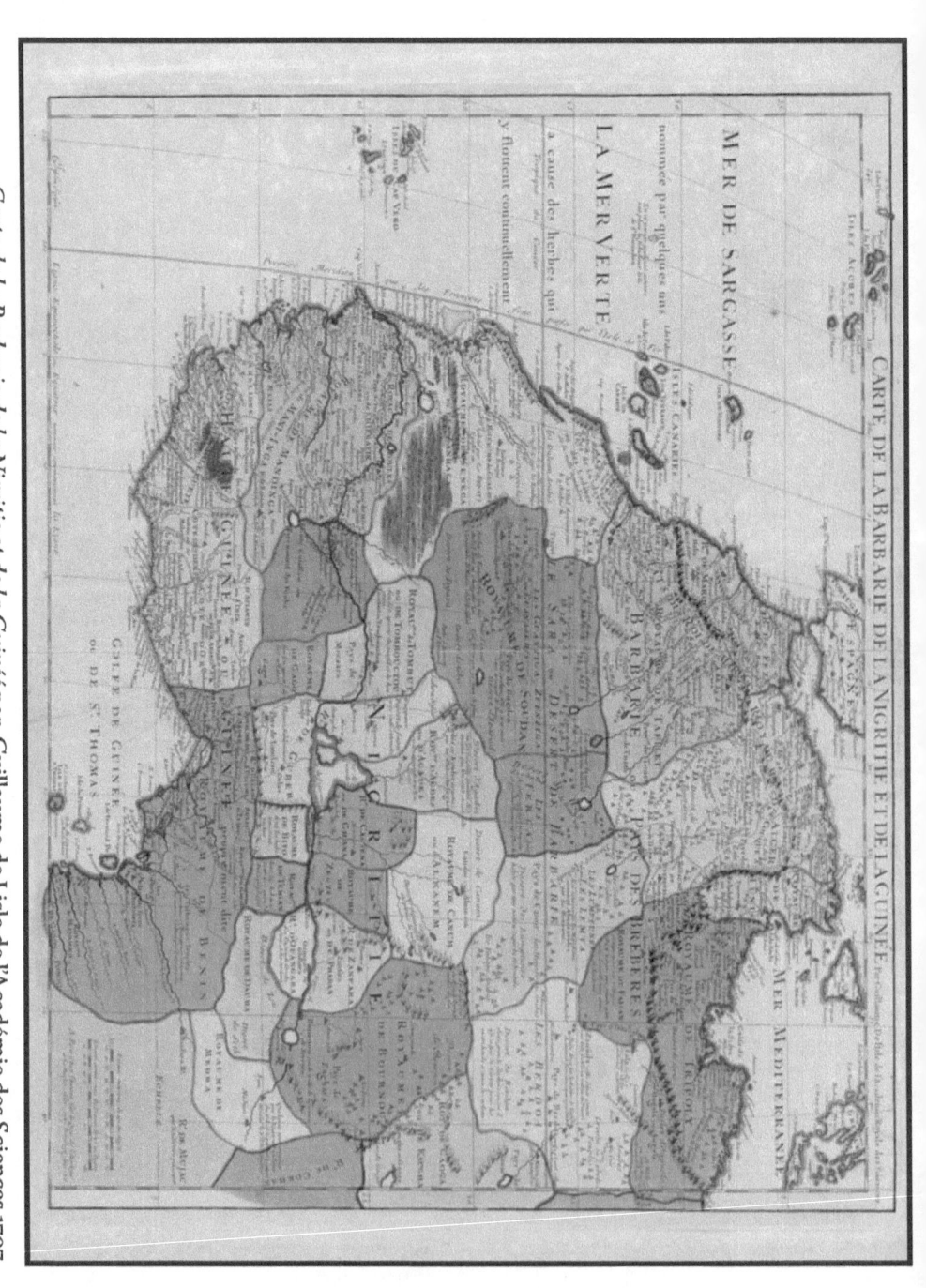

Carte de la Barbarie de la Nigritie et de la Guinéé par Guillaume de Lisle de l'Académie des Sciences 1707.

I. — L'ALGÉRIE
AVANT LA CONQUÊTE FRANÇAISE

L'ALGÉRIE EST MOINS — au sens propre du mot — une colonie qu'un prolongement de la France, une véritable province française. Solidement encastrée entre le Maroc et la Tunisie dont elle forme le trait d'union, elle représente un bloc homogène, au climat relativement tempéré et aux productions complétant admirablement celles de la France métropolitaine.

Le bloc Algérie-Tunisie-Maroc a connu et subi des destins divers et sa longue histoire n'est faite que des vicissitudes qui agitèrent — dès l'aube de l'antiquité — les passions humaines.

Sous les noms de Libye et d'Africa, il a eu comme maîtres tour à tour les Phéniciens et les Romains. Sous ceux de Maghreb et d'États barbaresques, il a appartenu aux Arabes puis aux Turcs. Enfin, sous le terme générique d'Afrique du Nord, il s'est rallié au système continental de la colonisation française et espagnole.

Où déjà les Juifs en avaient fait leur terre promise...

Merveilleusement situé, au carrefour de la Méditerranée, entre l'Europe et l'Afrique d'une part, le nouveau monde et l'Asie d'autre part, ce territoire béni ne manqua pas d'attiser les pires convoitises.

Le Juif éternel, chassé de la Terre Promise, errant dans les bagages des conquérants migrateurs, y fit son apparition à l'époque de Salomon (Xe siècle avant notre ère) et y vint chercher refuge après le sac de Jérusalem par Nabuchodonosor (VIe siècle).

Le géographe Strabon affirme qu'au IIe siècle avant Jésus-Christ, ils y étaient fort nombreux. Déjà !...

On retrouve en tout cas facilement leur trace en Libye dès le IIe siècle de l'ère chrétienne. Formés à l'école des Pharisiens, ils tentèrent plusieurs fois de se révolter contre Rome. Vaincus sous Hadrien en 117, les survivants se réfugièrent dans le désert de Mauritanie, où ils vécurent au milieu des Berbères...

Les Berbères deviennent esclaves dans leur propre pays...

Très vite, les Hébreux domestiquèrent les indigènes. On sait qu'ils connaissent à merveille le moyen de transformer en esclaves les habitants de la contrée de laquelle ils reçoivent l'hospitalité.

" *Tu habiteras de grandes et belles villes que tu n'auras point bâties, tu boiras l'eau des citernes que tu n'auras point creusées...* " a dit le Deutéronome...

C'est ainsi que peu à peu les Berbères se laissèrent convertir au judaïsme et n'eurent plus qu'une volonté : celle de leurs maîtres !...

Où l'agneau devient enragé...

Mais dès 197 après Jésus-Christ, une violente lutte s'engage entre la nouvelle Rome chrétienne et les Hébreux. En 535, les synagogues sont fermées et le culte judaïque suspendu. Réfugiés dans les massifs montagneux de la Tripolitaine et de l'Aurès, les Juifs y enferment leur hargne et s'efforcent de recruter de nouveaux disciples. De cette époque, sans doute, découle la légende juive qui veut que la fameuse reine guerrière du VIIe siècle, la Kahina, surnommée la " *Jeanne d'Arc africaine* ", fût de sang judéo-berbère.

La domination arabe.

Les premiers temps de cette domination furent favorables à Israël, qui lança dans les camps et les cours des souverains arabes et des chefs de tribus ses savants talmudistes, ses conteurs et ses philosophes. En 910, Fez accueillit les fameux grammairiens Dounasch ibn Labrat et Jehuda ibn Hajjoudj. Mais le Juif ne sait pas triompher sans mesure. La dynastie des Almohades allait bientôt le rappeler à une plus saine notion des lois de l'hospitalité.

Maïmonide, qui avait cru échapper à la fureur arabe en quittant Fez, fut obligé de se faire passer pour Musulman ! Grandeur et décadence...

Par contre, s'il ne sait pas triompher silencieusement, le Juif sait attendre. La chute de la dynastie Almohade, le démembrement de l'empire, lui permirent de retourner à sa foi et de circuler librement. Cette histoire de la spéculation juive sur les batailles perdues s'est beaucoup répétée dans le monde depuis ! Dès cette lointaine époque, il fut en Afrique du Nord doté d'un statut qui ne fut guère modifié jusqu'à l'arrivée des Français. Contraint de porter des vêtements jaunes et une coiffure noire, il lui fut interdit de porter des chaussures de cuir, d'avoir un cheval sellé, de porter des armes. Les Juives ne pouvaient dissimuler leur visage sous le voile et se faire passer pour Arabes... Moralement et physiquement, la communauté juive se trouvait enfermée dans le ghetto qu'elle avait si largement coopéré à se construire par ses exactions sans nombre en territoire maghrébien.

Bernard Lazare lui-même s'est étonné de l'universelle inimitié qui toujours frappa — à travers les siècles — ses coreligionnaires. Mais au lieu de chercher des raisons fort compliquées où la psychanalyse des peuples trouve sa place parmi d'autres savantes mais incompréhensibles élucubrations du même genre, pourquoi ne s'est-il pas penché sur les ravages et le spectacle de désolation qui toujours et partout suivit le passage et l'installation de ses compatriotes en territoires conquis à force de ruses, d'hypocrisies, de promesses et de platitudes ?...

L'Espagne se libère du Juif. L'Algérie le reçoit…

Or, c'est précisément ce qui encore se passa en Afrique du Nord. La proscription d'Espagne en 1492, suivie de celle du Portugal en 1496 — où les Juifs s'étaient rendus insupportables — les jeta en masses de plus en plus compactes vers l'Algérie et le Maroc, nouvelles terres promises…

Toutefois, les Espagnols ne tardèrent pas à prendre place à leur tour à Oran et à Bougie où ils imposèrent lourdement les enfants d'Israël.

Les Turcs conquièrent l'Algérie…

La domination espagnole ne fut pas de longue durée et bientôt elle fut même totalement remplacée par celle des Turcs qui devinrent les véritables maîtres du pays jusqu'en 1830. Les Juifs assagis organisèrent alors leur existence tout en faisant appel à ceux des leurs qui, vivant en Italie, en Tripolitaine ou en Egypte, ne tardèrent pas à venir les y rejoindre.

L'histoire réelle d'une conquête…

On parle beaucoup, dans les manuels d'histoire et dans les mémoires de l'époque, de la célèbre campagne d'Algérie, qui devait amener, avec la reddition d'Alger, l'occupation et la conquête françaises de tout le territoire nord-africain ; mais ce que l'on connaît moins ou pas du tout et ce dont surtout on ne parle jamais, ce sont des causes profondes, et très antérieures à 1830, qui ont entraîné cette glorieuse expédition militaire française.

Selon les thèses officielles, c'est le fameux " coup d'éventail " qui aurait été à l'origine de la fondation de notre empire colonial en Afrique, entraînant ainsi la pénétration coloniale du continent noir, en même temps que l'" *européanisation* " de la côte sud de la Méditerranée.

En réalité, il en va de cette légende ou de cette anecdote politique comme de beaucoup d'autres. Elle confond le déclenchement d'un événement important dans l'histoire du monde avec les causes de cet événement et prend au surplus quelques libertés avec la vérité historique…

Un petit épicier juif et la campagne d'Égypte...

Au milieu du XVIIIe siècle, vivait paisiblement, en apparence du moins, à proximité de la porte Azoun, à Alger, un tout petit épicier juif qui se nommait Bou-Kris. Bou-Kris, s'il était pauvre, était cependant riche d'une foule d'idées qui le menèrent rapidement à la prospérité. Marchand de grains, il adjoignit à son négoce le commerce de la quincaillerie et se fit une enviable renommée. Pour comble de chance, il avait un parent installé à Livourne et dont le nom italianisé s'était transformé de Bou-Kris en Bacri. Ce Bacri eut l'idée de créer une banque à Alger et d'en confier la direction à son cousin, l'épicier de la porte Azoun. L'affaire fut rapidement conclue. Un associé juif fut trouvé. Et c'est ainsi que s'ouvrit à Alger la banque Bacri-Busnah.

Jusqu'ici, rien au fond que de très normal, dira-t-on. C'est entendu. Mais l'affaire n'en resta pas là et un beau jour, un bey de Constantine, fort nécessiteux, voulant se concilier les grâces du dey alors régnant, voulut faire un présent à l'épouse princière. Il s'adressa aux trois compères juifs qui lui cédèrent un bijou du prix fabuleux à l'époque de 300.000 francs. Le bey était pauvre, nous l'avons vu. Et les Bacri-Busnah étaient fort riches. Ce qui devait arriver arriva. Le bey paya en denrées récoltées sur son territoire et plus de 75.000 mesures de blé s'entassèrent dans les caves de la banque juive ...

75.000 mesures de blé sont vendues à la France !...

Avoir du blé est une très bonne chose. Mais le vendre avec un bénéfice considérable est bien préférable. Nos trois Juifs n'allaient pas tarder de faire une fructueuse spéculation en ce sens.

Justement, à cette époque, nos excellents amis anglais guerroyaient contre notre Révolution et, selon une habitude chère qu'ils ont réappliquée souventes fois depuis, tentaient d'affamer notre population par un sévère blocus de nos côtes.

Notre consul à Alger, Vallière, profita de ce que deux vaisseaux algériens coulés dans la rade de Cavallaire avaient été sauvés par nos troupes pour réclamer du blé. Ce furent les grains de Bacri-Busnah qui firent les frais de l'opération. Vendus avec un scandaleux bénéfice, nos Juifs appâtés tinrent à se réserver le monopole des fournitures de grains au gouvernement français.

Mais le gouvernement français n'était pas riche. Les Bacri-Busnah l'étaient devenus. Immensément. Là encore, ce qui devait arriver arriva. Et la firme juive livournaise devint la créancière du Comité de Salut Public, puis du Directoire... L'emprunt devait être d'un million de piastres, remboursable en trois ans. Le dey n'accorda que 200.000 piastres (un million de francs) pour deux ans et sans intérêt, la religion musulmane interdisant, en effet, le *"prêt à usure"*...

Le 16 thermidor, le Directoire prenait un arrêté qui autorisait la Trésorerie à délivrer à l'ordre du dey d'Alger, Mustapha, une reconnaissance de pareille somme...

L'impécuniosité du Directoire ne permit jamais le remboursement de cette dette, effroyablement enflée par les Bacri, qui y firent ajouter la facturation d'énormes quantités de blés à l'armée d'Italie et à l'armée d'Égypte... Mais que celles-ci ne reçurent jamais, les bateaux ayant été capturés soi-disant en cours de route par les Barbaresques, alors que tout porte à croire qu'ils n'avaient jamais pris la mer...

Où Napoléon apparaît le père spirituel de notre empire colonial.

Très vite, on le comprend, les affaires s'envenimèrent. Le dey Hussein, successeur de Mustapha, à maintes reprises poussé par les Juifs, harcelé par leurs plaintes, réclama sa créance au gouvernement français. Celui-ci ne voulut pas acquitter les sommes exorbitantes qui lui étaient réclamées. Et ce fut l'entrevue ultime de 1830 qui devait provoquer la rupture.

En fait, ce n'est pas avec un éventail que Hussein, alors dey d'Algérie, aurait frappé M. Deval, consul de France, mais avec un chasse-mouches et l'on n'a jamais pu déterminer de façon certaine comment les choses s'étaient réellement passées, car l'incident n'eut pas de témoins. Le dey et le consul discutaient en langue turque et aucun interprète n'assista à leur tête-à-tête orageux. Il est très possible que, dans son émotion, le régent d'Algérie ait fait un geste menaçant qui devint un coup dans le rapport consulaire adressé à Paris. Ce serait là quelque chose d'analogue à la fameuse rédaction, par Bismark, de la dépêche d'Ems.

Ce qui est très vraisemblable, comme l'a dit le grand voyageur des pays méditerranéens Colin-Ross, c'est que le consul était beaucoup mieux placé que ses supérieurs pour juger de la situation en Algérie et de la possibilité ou de la nécessité d'une occupation. Et tout semble indiquer qu'il voulut, en créant un "fait accompli" et en excitant le sentiment de l'honneur national, obliger à agir le gouvernement de Paris qui répugnait à toute politique extérieure active.

En fait, c'était le moment d'intervenir dans les États barbaresques. L'autorité de la Sublime Porte avait toujours été des plus faible et, depuis que la Grèce était en état d'insurrection et que planait la menace d'une guerre avec la Russie, elle n'existait même plus sur le papier. Celle des deys n'était guère plus grande et si la piraterie existait encore, c'était en grande partie pour payer la solde des janissaires et des milices dont ils étaient pratiquement les prisonniers au fond de leurs palais. La plus complète anarchie régnait dans le pays et, depuis longtemps, les pirates eux-mêmes n'étaient plus ce qu'ils avaient été autrefois — les meilleurs et plus hardis navigateurs de la Méditerranée — mais un troupeau faisant assez piètre figure. La piraterie était en régression et ne fournissait presque plus d'esclaves chrétiens.

Si les Etats pirates existaient encore, c'était par la grâce de l'Angleterre qui voulait ainsi empêcher les puissances européennes de s'établir sur la côte d'Afrique et le gouvernement britannique les supportait, bien que des bateaux anglais fussent aussi capturés de temps à autre.

Londres n'avait pas permis que l'Espagne prît un point d'appui vraiment solide sur la côte du Maroc et il ne voulait pas davantage que la France s'établît sur la côte algérienne. Avant de devenir une mer britannique, la Méditerranée était donc une mer de pirates, sous protectorat anglais.

Napoléon s'en rendit compte. Sa campagne d'Egypte n'eut aucunement pour origine des plans fantastiques dirigés contre l'empire colonial indo-britannique. Il avait au contraire fort bien compris que la condition du nouvel ordre européen qu'il s'efforçait d'établir était l'expulsion des pirates et des Anglais de cette mer intérieure européenne où ils n'avaient rien à voir.

Le grand Corse ne songeait pas seulement à l'Égypte mais encore et surtout à la sécurité de la Méditerranée tout entière.

C'est pourquoi il fut logiquement amené à occuper Malte au cours de son expédition vers la terre des Pharaons.

Ni l'échec de l'entreprise égyptienne, ni la catastrophe subie par la flotte à Aboukir ne le détournèrent de ses plans. En 1802, il projeta l'occupation de la Tripolitaine et, en 1808, il prépara un débarquement en Algérie. Il délégua à cet effet le commandant du génie Boulin. Celui-ci établit des cartes d'Alger et des environs et fit une reconnaissance dans la baie de Sidi-Feruch qui lui était apparue comme le lieu de débarquement le plus favorable. Et c'est en effet en ce lieu que les troupes françaises, se basant sur les plans de Boulin, débarquèrent en 1830, de même que les opérations contre la ville d'Alger proprement dite s'appuyèrent sur les travaux cartographiques de l'officier de l'Empereur.

Napoléon Bonaparte a été le précurseur de Rommel en Afrique ; c'est lui, et non Deval, qui est le père spirituel de l'Empire colonial français. Il est curieux de constater que c'est aussi Napoléon — ou tout au moins sa campagne d'Égypte — qui provoqua le célèbre *" coup d'éventail "* et, par la suite, la campagne d'Algérie. Le blé nécessaire au corps expéditionnaire d'Égypte avait été fourni, on l'a vu, par les Juifs algériens : les firmes Jakob Bakri et Nephtali Busnah, qui régnaient sur le marché nord-africain des céréales.

On ne put se mettre d'accord au sujet du paiement de ces livraisons, car la somme due avait été fortement majorée grâce à des manœuvres frauduleuses. La situation était d'ailleurs fort peu claire. Les Juifs avaient profité de leur monopole pour pressurer le pays. Il en résulta un pillage en règle du quartier juif d'Alger, la Mellah, pillage au cours duquel Nephtali trouva la mort.

Le dey, qui avait de constants besoins d'argent, reprit à son compte la créance des Juifs et, comme le gouvernement de Paris désirait rester en bons termes avec lui, il obtint finalement, en 1819, la promesse qu'une somme de 7 millions de francs lui serait payée. Mais des créanciers français des firmes juives algériennes mirent arrêt sur cette somme et c'est ainsi que le dey, furieux de ne pouvoir obtenir son argent, déchargea "*à coup d'éventail*" sa colère sur le représentant de la France. Il ne restait plus au gouvernement français qu'à envoyer une escadre à Alger en exigeant une réparation et un dédommagement. Le dey refusa l'une et l'autre.

En conséquence, la poudre aurait dû parler mais, par crainte de l'Angleterre, Paris reculait toujours devant les mesures de violence et la France se contenta d'un blocus peu efficace mais d'autant plus coûteux. Il fallut, pour obliger le gouvernement de Charles X à agir, un deuxième incident l'agression du vaisseau *La Provence*, qui portait les parlementaires français, par des batteries côtières algérienne.

C'est ainsi que, en juillet 1830, un corps expéditionnaire débarqua enfin dans la presqu'île de Sidi-Feruch, choisie à cette fin par Napoléon, et c'est ainsi que s'accomplit le Testament de Sainte-Hélène, dans lequel l'Empereur conseillait à son fils de renoncer aux conquêtes en Europe et d'occuper plutôt l'Afrique du Nord.

NOUS SOMMES EN AFRIQUE DU NORD !

La France avait alors de beaux soldats(1). Pleins d'esprit avec cela. Du haut en bas de l'échelle. C'est le maréchal Bugeaud répondant froidement à Changarnier, lequel lui avait fait observer qu'il faisait la guerre en Afrique depuis six ans :

— *Qu'est-ce que cela fait ? Le mulet du maréchal de Saxe avait fait la guerre vingt ans, et il était toujours un mulet !*

Réplique qui devait avoir des conséquences politiques incalculables.

Mais quel courage chez ces hommes pour qui le danger était pain quotidien ! C'est Lamoricière — le véritable organisateur des zouaves — montant à l'assaut de Constantine. Il marche en tête, il veut entraîner ses hommes par son exemple. Défense de le dépasser. Dans le court trajet qui sépare la tranchée de la brèche, il voit une sorte de colosse qui cherche à le gagner en vitesse. C'était un commandant de génie.

— *Commandant,* lui crie-t-il, *je vous brûle la cervelle si vous passez devant !*

---

1). G. Bozonnat.

Prise de la Smalah d'Abd-el-Kader par le duc d'Aumale à Taguin, 16 mai 1843 par Vernet, Horace

Il arrive sur la brèche le premier. Un fourneau de mine éclate sous ses pieds et le lance en l'air Il retombe brûlé, mais vivant, pendant que le pauvre commandant est tué à ses côtés... Car la chance souriait à ces soldats sans peur. Elle sourit un jour au duc d'Aumale, alors âgé de vingt et un ans (l'armée française commandée par des généraux de vingt et un ans, quelle merveille !), lorsque enfoncé dans le désert, il surprit la smala d'Abd-el-Kader. Six cents cavaliers français. Vingt mille Arabes. Le duc ordonna la charge. Dans un élan irrésistible, ses troupes emportent tout !

Le prestige arabe s'effondre. L'Algérie s'organise pacifiquement. L'Algérie, peu à peu, devient française.

Combien de Français songeront à cette histoire aujourd'hui ? Tous ceux qui ont, là-bas, de la famille. Et ils sont nombreux. A intervalles réguliers, ils ont vu leurs beaux cousins d'Algérie venir dans la métropole. Beaucoup portaient de somptueux uniformes. La Guillaumette et Croquebol, oui — mais sous un ciel admirable ! Zouaves, spahis, tirailleurs, cavaliers rutilants — c'est à vous que va notre pensée en ces jours de deuil. Sur la terre d'Afrique, toute une part de notre sensibilité s'est formée. En Algérie tout d'abord, et puis dans ce mystérieux Maroc où plane encore le souvenir de notre dernier conquérant, Lyautey.

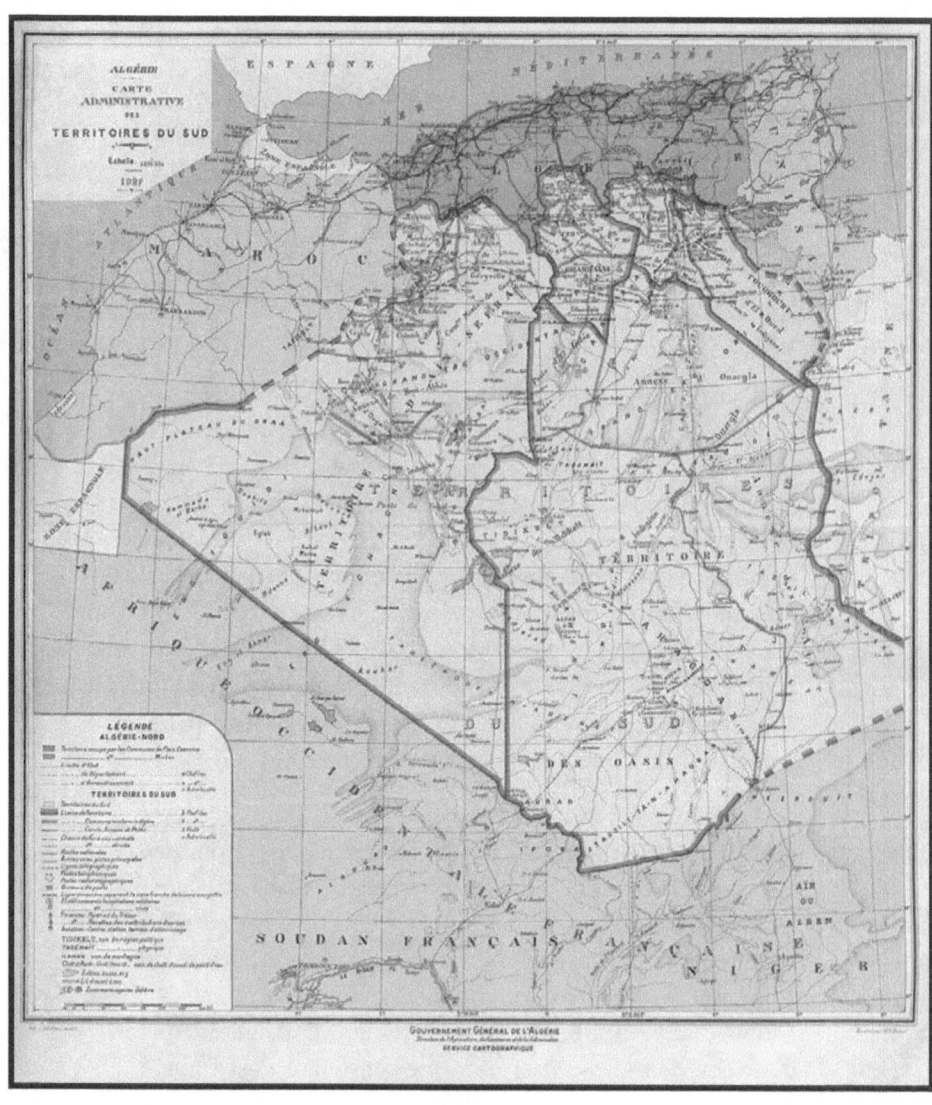

Algérie — *Carte administrative des Territoires du Sud* — 1927

II. — L'Algérie française, ESPOIR DU JUIF !...

> *Il eût été sage d'expulser les Juifs de nos villes dès notre entrée en Afrique, ce serait sage encore aujourd'hui.*
> Général Bugeaud,
> Gouverneur général de l'Algérie (1833).

*D*ès le débarquement des Français, Bacri, Durand à Alger, Amar à Oran, avaient acquis la confiance des généraux français. La plupart du temps, ils servaient les deux camps à la fois, ne dédaignant pas l'espionnage. Ainsi voit-on un Narboni indiquer des itinéraires pour les troupes françaises, en même temps qu'il est chargé par Ferhat-ben Saïd de pénétrer les desseins du duc de Rovigo.

Ainsi, Busnah, fils de l'associé de Bacri, et Marchodée Amar négociant d'Oran, qui avait la confiance d'Abd-el-Kader, réussissaient à mener seuls toutes les négociations préliminaires du traité de paix entre Abd-el-Kader et le général Desmichels qui commandait la place d'Oran. Ils en profitèrent pour tromper le général et faire considérer les notes préliminaires comme le traité définitif par Abd-el-Kader, tandis que Desmichels ne leur accordait plus de valeur après la signature de l'accord définitif.

Dès 1844, un notable Juif d'Alger, Mezguich, refusait de prêter serment au tribunal "*more judaïco*". Il imitait en cela ses coreligionnaires de France qui avaient, par l'intermédiaire de l'avocat Crémieux, après de longues discussions, obtenu sous la Restauration le droit d'entrer dans la même forme que tous les justiciables. Les rabbins consultés répondirent que "*le serment judiciaire prêté selon la formule d'usage, devant les tribunaux français, n'oblige pas la conscience de l'Israélite qui le prête*".

La prostitution juive.

A Alger, il est peu de maisons juives qui ne soient un lieu de prostitution ouvert à tout venant, et à tous les genres de vices (Pélissier de Raynaud). D'août 1832 au 1er juillet 1834, un seul Juif avait comparu devant la Cour pour vol. Mais à mesure que la discipline se relâchait, la peur de la bastonnade disparaissant, leur audace devenait plus grande. En 1839, 698 Juifs étaient arrêtés pour vol et 137 pour escroqueries.

En 1861, à Bône, un enterrement juif ayant rencontré une procession, les Israélites provoquèrent un conflit. Les jeunes Juifs s'amusaient les jours de fête à maltraiter les Arabes qui passaient dans leur quartier. Quelquefois même, ils s'attaquaient aux vieillards européens. A plusieurs reprises, ils s'opposèrent à l'arrestation de délinquants juifs. Il fallait vaincre de petites émeutes pour avoir raison de ces résistances.

Les élections municipales d'octobre avaient vu des trafics électoraux qui ne pouvaient qu'indigner les purs démocrates français. Des courtiers payaient les Israélites pour voter pour leur candidat, d'autres déchiraient les bulletins où étaient inscrits le nom de leur adversaire et y substituaient les leurs. Des manœuvres identiques ayant été employées aux élections du Conseil général quelques mois auparavant, l'opinion publique avait violemment réagi et un de leurs anciens défenseurs, le directeur de "*L'Echo d'Oran*", A. Perrier, avouait : "*Qu'on ne vienne donc plus nous dire que la population israélite ne mérite pas qu'on la sépare de la nôtre.*"

En 1878, voulant bâtir la plus belle synagogue d'Algérie, ils obtenaient de l'Etat une concession gratuite et une subvention de 250.000 francs, et du Conseil général de leur département un don de 60.000 francs en dépit des protestations des radicaux qui faisaient observer qu'on n'avait jamais fait de telles largesses en Algérie pour aucun culte.

En 1896, un Israélite réclamait la licitation des biens de la famille du colonel Ben Daoud en vertu d'une créance de 43.000 francs. Il avait prêté en 1840, à un membre de celle-ci, 1.500 francs pour l'achat d'une selle et depuis il avait laissé les intérêts s'accumuler.

Le lendemain, au concert public du samedi soir, les jeunes Français raillaient leurs adversaires, imitant les cris de vendeurs de boissons qui étaient de jeunes Israélites. Exaspéré, l'un de ceux-ci cria : *"Les Français sont tous des lâches. Ils ont capitulé en 1870."* Il fut condamné le 2 juillet à trois jours de prison et, le 25, par la Cour d'appel à un mois de la même peine. (Journée du 3 juillet, *"Echo d'Oran"*, 27 juillet 1884.)

Le grand carnaval des folies juives commence...

Corollaire des victoires électorales des alliés des Israélites, le régime des faveurs continuait. A Oran, par exemple, après les élections de 1887, la municipalité Mathieu achetait à Kanoui ses terrains du ravin de l'Aïn Rouïna au prix de 35 francs le mètre, alors que, quelques mois auparavant, leur propriétaire ne trouvait pas de preneur à 20 francs.

Le conseiller municipal d'Oran, Irr, fut assailli le 16 mars 1897 par des Israélites armés de bâtons et de couteaux qui lui cherchaient querelle depuis plusieurs heures. Un agent de police israélite à qui les Oranais avaient demandé protection n'était pas intervenu, ce qui permit aux agresseurs d'en blesser plusieurs parmi lesquels Irr.

A Oran, le 3 novembre 1899, les conscrits israélites se rendaient au conseil de révision en criant : *"A bas les Français, vivent les Juifs !"* A Saint-Eugène, racontait le procureur de la République de la ville, une bande considérable de Juifs se ruait sur un Français et l'assommait à moitié. En se précipitant au massacre, les lâches hurlaient :

"A bas les Français ! Il nous faut du sang français pour arroser nos cabinets !"

Les commerçants israélites victimes des troubles avaient été largement indemnisés par les communes rendues responsables des dégâts par les tribunaux.

Les juifs pillent l'Algérie

Une sorte de racisme national, si l'on veut, continue à les unir étroitement en face de l'étranger. Un exemple illustre admirablement cette thèse. La représentation de la deuxième circonscription d'Oran, où la population juive a une majorité écrasante, était briguée par trois Israélites, Ghighi, conseiller sortant et animateur du Consistoire local, avait été difficilement élu une première fois aux dépens d'un socialiste israélite, Gugenheim. Sa situation paraissait précaire. Or, le socialiste israélite fut remplacé en dernier lieu par un révolutionnaire local fort distingué, mais d'origine française. Ce dernier subit un désastre. Gugenheim avait obtenu un millier de voix ; des experts avaient prévu un glissement à gauche fort sensible en faveur de son successeur. Celui-ci n'eut pas cinq cents voix. On n'avait pas voulu d'un *"chrétien"* pour représenter le quartier israélite et on avait élu le candidat du Consistoire.

L'armée dans ses quartiers, les Juifs prirent leur revanche de toutes les humiliations qu'ils avaient subies. Ils comprenaient la liberté comme le droit de faire tout ce qui la veille encore leur était interdit. A la Marine, au Palais, que l'on n'avait pas gardé, ils se précipitèrent en compagnie des nègres et des Maures et pillèrent, emportant tout ce qu'ils rencontraient, armes, bijoux, vêtements des sultanes, étoffes de soie, tapis, qu'ils revendaient ensuite dans les rues aux officiers français. Triomphants et superbes, ils se promenaient dans les rues juchés sur des mules, vêtus d'habits éclatants, battant les Turcs qu'ils rencontraient aux cris de *"Viva les Franchais"* et aux applaudissements ironiques de la populace.

Ils achetaient les armes et les munitions des soldats du bataillon auxiliaire d'Afrique et les revendaient aux musulmans, sans se soucier des conséquences que pouvaient avoir ces spéculations. D'autres falsifiaient les bijoux. Mais c'est le commerce de l'argent qui leur procurait les plus gros gains. Prêteurs traditionnels, ils pouvaient exercer l'usure en toute quiétude.

A quoi bon se gêner ?

En toute quiétude ? Et pourquoi pas ? Ne sont-ils pas citoyens français, comme vous et moi, depuis le 24 octobre 1870 ?

Leur cher Crémieux, alors membre du gouvernement dit de la Défense Nationale, a-t-il eu, à son accession au pouvoir, d'autres préoccupations que de les confirmer dans leurs droits " ?

Le texte de cet odieux décret, signé Gambetta, que les Arabes ne nous pardonnèrent jamais, disait formellement ;

" Les Israélites indigènes des départements de l'Algérie sont déclarés Français. En conséquence, leur statut réel et leur statut personnel seront, à compter de la promulgation du présent décret, réglés par la loi française. Toutes dispositions législatives, décret, règlement ou ordonnance contraires sont abolis. "

La population juive d'Algérie atteignait alors 35.000 âmes !...

Un termite, toute la termitière...

L'insolence juive devint alors si effarante, ses prétentions si grandes, qu'une première vague d'antisémitisme ne tarda pas à déferler en Algérie et au Maroc. L'affaire Dreyfus donna lieu à des bagarres à Constantine et à Tlemcen.

Mais c'est surtout à partir de 1897 que commença une véritable action anti-juive, menée par Max Régis alors âgé de 20 ans, bientôt aidé par notre maître Edouard Drumont, élu député d'Alger, et par Morinaud, député de Constantine. En 1908, la foule franco-musulmane passa à l'action directe. De violentes bagarres éclatèrent. La plupart des municipalités revinrent entre les mains des anti-juifs. Max Régis fut élu à Alger, tandis que le 3 août 1907, au Maroc, le quartier juif (le Mellah) de Casablanca et, en 1912, celui de Fez étaient mis à sac par la foule écœurée.

"Croître et multiplier" ...

L'Algérie comptait avant la guerre mondiale 50.000 Juifs, soit le dixième de la population. Tout juste ce que M. Xavier Vallat eût nommé la *"dose homéopathique"* ...

Passe encore. Mais les chers fils d'Israël ne voulurent pas rester en si bon chemin. Et leur progression démographique prend alors une allure vertigineuse.

- *Alger* et sa région, qui comptaient 6.065 Juifs en 1838, s'en voient affligées de 23.350 en 1931 et, tenez-vous bien, de 133.572 en 1939 !
- *Constantine* et sa région, de 3.105 en 1843, à 13.110 en 1931 et à 86.792 en 1939 !
- *Oran* et sa région, de 20.493 en 1931, à 143.240 en 1939 !
- *Saïda*, qui n'en comptait aucun dans ses murs en 1881, en possède 1.005 en 1931 et 4.000 en 1939 !

Cette extraordinaire poussée, dont nous ne donnons qu'un aperçu dans les principaux centres, est corollaire d'un immense enrichissement dû à l'usure et à l'agio. Il est typique, par exemple, de trouver dans Alger et sa région 1.249 banquiers juifs pour 7 paysans juifs !

A Oran, semblable proportion, avec 8 paysans et 1.705 commerçants !

Constantine présente la même singularité à laquelle il faut ajouter 139 joailliers, 323 commerçants, 445 tailleurs ! ...

Toute l'économie algérienne
aux mains des Juifs grâce au Front Populaire juif ...

Où les Juifs crurent vraiment l'heure venue, c'est à coup sûr à l'aube des élections générales de 1936 qui envoyèrent au pouvoir, avec les représentants du Front Populaire, toute la tribu des Blum.

On n'évoque pas sans amertume ce moment d'Aberration qui coûta si cher à la France et la conduisit, désarmée, à la plus inutile des guerres.

Pendant que le Juif règne à Paris, remplissant l'air de ses clameurs étourdissantes et faisant monter son nom au firmament publicitaire de la presse, du cinéma et de la radio, un autre Juif s'installe confortablement dans l'Algérie française. Cette fois,, c'est bien décidé. Le triomphe sera définitif. La dernière rébellion aryenne a été écrasée en août 1934 dans le sang des manifestants à Constantine. L'opposition se terre, silencieuse, et Israël peut s'écrier en parodiant le trait de Mme Flocon :

> "Et maintenant, à nous !
> C'est nous qui " sont " les maîtres ! "

Les maîtres ? Oui, en effet, nos maîtres !

Et l'Algérie tout entière est broyée, pantelante, leur joug insupportable.

Les principaux services du Gouvernement général sont dirigés par des Sebaoum, des Isaac Friang, les Azoulay, tandis que les voyageurs empruntant la ligne d'Air-France pour rallier la métropole doivent payer tribut aux Worms, aux Meyer, aux Weiller, et ceux de la Compagnie Générale Transatlantique, aux Baumgartner et autres Schiff...

Les travaux publics appartiennent en bloc (si l'on peut dire !) aux Balensi. Colons et fellahs doivent fertiliser leurs champs avec les produits chimiques des Raymond Beer et des Georges Lévy.

Le grand hôpital de Mustapha est sous la coupe totale des Benhamou, Azoulay, Benichou, Cohen-Solal. L'enseignement primaire supérieur est détenu par les Cohen, les Cohen-Bacri,

Belayche, tandis que la justice est rendue par les Gougenheim, les Lévy, instruite par les avocats Akoun, Adda, Azoulay, Cohen...

Le Conseil général fourmille de Juifs tels que les Belaïche, Aboulker, Lévy, Coben-Solal.

Les colons veulent-ils se faire raser ? Leurs femmes veulent-elles arborer une superbe permanente ? Ce sont les Ernest Cohen (Erco) ou les Gozlan qui se chargent de l'opération. "Au bon goût", ma chère !

Pour les chaussures, c'est la même comédie. "Le Palais de la Chaussure", les "100.000 Chaussures", remplaçant sans doute les "100.000 Chemises", offrent la garantie des Lévy (chaussures André), des Bacri et Chiche (le fin du fin !) des Narboni, de Rino, des Benamou (Ville de Troyes).

Le pain est confectionné avec les blés et les farines des Solal et des Cohen-Scali, la viande vient tout droit de chez Benaïm — qui la fait débiter *"Kascher"* chez Teboul, ou *"Chez Charlot"* de son patronyme natal, Cohen.

Pour le logement, même antienne. Il faut accepter l'impôt juif. Et c'est à Lévy-Brahm, Lebhar-Sam, Belaïche, Teboul qu'il faut régler les loyers dûment majorés.

Partout les enseignes lumineuses, les lettres des boutiques annoncent que l'on achète chez des Moïse Lebrati, chez des Isaac Crémieux, chez des Solal-Cohen, chez des Hak Salomon, chez des Lipp, chez des Bacri, des Stora, des Baruch, des Azoulay.
Les spéculateurs en grains tiennent le haut du pavé avec un effectif juif de 60 %. La chemiserie en recèle 50 %. 50 % aussi les tailleurs. 95 % la bonneterie en gros. Mais le record est atteint par leur présence dans le commerce de détail des tissus et soieries indigènes où l'on comptait, en 1937, 3 Français et 80 Juifs, ce qui assurait en leur faveur une proportion de 130 %(2).

---

2). La plupart de ces statistiques sont extraites des derniers recensements commerciaux établis au tribunal de commerce. Pour les statistiques démographiques, c'est le plus souvent à l'étude du rabbin Eisenbeth, *Le judaïsme nord-africain*, que nous nous sommes référé.

Leur pouvoir, leur malfaisance...

Dans une étude fort documentaire qu'il a publiée sur les Juifs en Afrique du Nord, le grand rabbin d'Alger, Eisenbeth — celui-là même qui vient de remercier le général Eisenhower de tout ce qu'il a fait pour les Juifs — s'apitoie sur le paupérisme de ces congénères. A l'aide de statistiques truquées, il essaie de prouver que les Juifs d'Afrique du Nord ne sont que des malheureux parmi les malheureux n'exerçant que de petits métiers, n'occupant que de petits emplois.

Il serait absurde de prétendre que tous les Juifs d'Afrique du Nord sont riches à millions. La grande majorité d'entre eux remplit bien les conditions qui suscitent l'apitoiement du grand rabbin d'Alger. Mais ce que M. Eisenbeth passe pudiquement sous silence c'est que quelques centaines de familles juives se partagent environ 70 % de la richesse totale de l'Afrique du Nord, c'est que toutes les grandes activités clefs, tous les leviers politiques étaient jusqu'en juillet 1940 entre leurs mains, qu'ils y restèrent depuis par personne interposée. Le fait que le nombre des Juifs miséreux soit élevé prouve l'humanité de cette race qui n'a que le sentiment du profit et pour seul idéal, l'argent. Les œuvres sociales juives sont inexistantes. Par contre, les Juifs encombrent les dispensaires, les hôpitaux français et sont les meilleurs clients de toutes nos institutions de bienfaisance.

En Oranie, ils ont entre leurs mains 100 % de la minoterie, 98 % de l'alimentation en gros, 65 % des cuirs, 65 % de la boucherie en gros, 70 % du commerce du tissu en gros, de l'or, des légumes secs, sans parler des commerces de détail pour ne citer que les principales branches de leur activité. Le commerce des vins en gros avait résisté jusqu'en 1936. Blum au pouvoir changea tout cela et les négociants en vins juifs, avec la complicité du Gouvernement, purent rafler presque toutes les affaires dans le département(3).

Il en va de même dans les deux autres départements d'Algérie, où les proportions sont sensiblement les mêmes.

---

3). Voir *Cahier Jaune*, décembre 1942.

On peut dire absolument, sans aucune exagération, que tout le commerce, toute la colonisation et la plus grosse partie de l'industrie est soit directement, soit indirectement, entre leurs mains.

Ils possèdent en propre, dans bien des endroits, les meilleures terres, tel Benyounès, propriétaire de 55.000 hectares dans la fertile plaine de la Mitidja où l'hectare valait, en 1939, entre 30 et 50.000 francs, tel Saïer d'Oran, qui a acculé à la faillite, par des procédés de bandit et d'assassin, toute la minoterie aryenne d'Oranie et qui, en 1939, possédait vingt-huit fermes totalisant près de 15.000 hectares dans les plus riches régions du département.

"*Mais la majorité des colons d'Algérie, du Maroc et de Tunisie, sont des aryens. Beaucoup parmi eux sont très riches*", pourront objecter certains. Certes, mais il convient avant de prononcer un jugement définitif de compulser les livres des conservations des hypothèques pour voir combien les apparences peuvent être trompeuses. Assez peu nombreux sont ceux dont les terres ne sont pas peu ou prou hypothéquées par les Juifs.

Quant à la colonisation mulsulmane, elle est complètement sous leur coupe. Après avoir ruiné les propriétaires arabes, les Juifs les contraignent, au moyen de contrats draconiens, à rester sur les terres qu'ils leur ont spoliées, les faisant travailler comme des esclaves.

En tout cas, même si un colon ne doit pas un centime à un Juif, le blé qu'il produit, le vin qu'il vend passe entre les mains des spéculateurs israélites. L'aryen a eu le risque, a payé de sa personne, à engagé ses capitaux. Le Juif n'a plus qu'à tirer profit de son labeur.

A la conquête de l'Afrique du Nord...

Ces quelques chiffres démontreraient amplement à quel point d'asservissement était tombée l'Algérie quelques années avant la guerre actuelle.

Il est vrai que l'on ne savait plus au juste à cette époque qui des Français ou des Juifs devait gouverner l'Algérie. Le Juif Léon Blum ne venait-il pas — sur la proposition du sénateur Viollette, hommes des loges et de la finance — d'établir un mirifique projet conférant le droit de vote à tous les indigènes, ce qui eût tranché en effet la question.

On se recommandait, bien entendu, des grands ancêtres révolutionnaires pour légitimer ces propositions. La Révolution avait délivré les noirs, la IIe République avait donné le droit de suffrage aux Sénégalais et aux Martiniquais, il appartenait à la IIIe de donner un bulletin de vote aux pasteurs chaouïas de l'Aurès, dont les vues sur la politique budgétaire ou les grands problèmes de notre temps sont, comme chacun sait, fort pénétrantes...

On pense bien que les Juifs n'ont pas manqué d'exploiter ce thème favorable à leurs exploits.

Craignant l'hostilité latente des musulmans et leur jonction possible avec les colons européens dont beaucoup étaient farouchement anti-juifs, ils firent l'alliance totale avec les partis marxistes auxquels beaucoup de jeunes Juifs avaient adhéré. L'appui de leurs capitaux valut au Front Populaire de s'implanter à Alger et à Oran et de terroriser les populations.

Juifs et communistes la belle alliance !

Les colons reprochaient particulièrement aux marxistes leur folle politique indigène. Depuis longtemps le parti communiste prêche en Algérie l'expulsion des colons et le partage de leurs terres entre les prolétaires indigènes. Les Juifs adhérant à ce programme ou l'appuyant, alors qu'ils possédaient la majorité des biens fonciers, l'opinion coloniale leur reprocha leur perfidie. De grandes manifestations nationalistes se déroulèrent un peu partout, le 14 juillet ; à Oran notamment, 60.000 personnes défilèrent derrière le maire, l'abbé Lambert. L'insurrection de Franco, qui éclata peu après, ayant encore tendu les passions, on crut de part et d'autre que la guerre civile allait éclater dans la colonie.

Les gros commerçants juifs subventionnèrent sans vergogne les amitiés *"rouges"* de leur ville, afin d'y recruter des défenseurs éventuels, tandis que les *"fascistes"* dénonçaient les excitations des Juifs auprès des Arabes.

De fait, les agitateurs du Front populaire avaient provoqué maintes grèves parmi les journaliers indigènes, qui, sans l'attitude énergique des gardes mobiles et des colons du bled, auraient pillé et massacré leurs patrons. Que beaucoup de jeunes Israélites aient participé à ces grandes manœuvres soviétiques, rien n'est plus certain. Après les rixes et les manifestations de juillet, tout Israël se rallia aux partis marxistes. Et comme on lui montrait que cette tactique n'était pas sans périls, les indigènes risquant fort de frapper, le grand soir venu, chrétiens et Juifs, répondit :

"Je sais, mais s'il faut mourir, nous ne serons pas les seuls à y passer."

On peut juger à quel point en était parvenue la duplicité juive.

L'insurrection algérienne n'ayant pas éclaté, les Juifs envisagèrent un plan ingénieux pour prévenir le retour d'une nouvelle vague d'antisémitisme. Ils se rallièrent en masse au projet Viollette.

En réclamant le droit de vote aux indigènes, droit dont ils bénéficiaient eux-mêmes, ils concluaient naturellement :

"De cette façon, on ne nous reprochera plus notre action politique."

C'est ainsi que déjà, en 1937, il s'en est fallu de quelques semaines pour que la France perdît moralement l'Algérie.

1939 : Apogée d'Israël.

Mais en 1939, les Juifs ont leur revanche. Les Français se sont enfin décidés à faire leur guerre, à défendre leurs intérêts à les venger du national-socialisme.

Certes, ils sont mobilisables comme tous les citoyens français. Les mobilisés juifs sont affectés, soit dans les zouaves, soit dans les chasseurs d'Afrique, régiments qui ne comprennent aucun musulman. Comme par hasard, de tous les régiments de zouaves et de chasseurs d'Afrique, d'Afrique du Nord, un seul est envoyé dans la Métropole, le 9ᵉ zouaves d'Alger. Par contre, c'est par divisions entières qu'on embarque les tirailleurs et les spahis musulmans.

Les régiments juifs restent donc en Afrique, sauf le 2ᵉ zouaves qui est affecté en Syrie. L'esprit qui règne dans ces unités composées de 75 % de Juifs est tel qu'elles sont considérées comme absolument inutilisables et qu'on les affecte aux besognes de gardes-voies ou de gardes-côtes.

Les Juifs ont encore gagné une manche. De taille celle-là. Ils sont exemptés du casse-pipe.

Lorsque, par hasard, un hasard qui ne se produit que très rarement d'ailleurs, on demande pour la Métropole un renfort dans un régiment de zouaves ou de chasseurs d'Afrique, c'est parmi les 25 % d'aryens qu'on prélève ceux qui doivent partir. On n'ose pas envoyer les Juifs. On a peur de leur influence.

Un exemple entre mille de leur arrogance : par faveur spéciale, au mois d'octobre 1939, on accorde à tous les Juifs sans exception, pour le " *Grand Pardon* ", une permission de 36 heures. Les punis de prison y ont même droit. Le Consistoire israélite déclare que 36 heures ne sont pas suffisantes et, sur les conseils de leurs chefs religieux, presque tous les Juifs rentrent avec 24 heures de retard. Comme on a peur d'eux, nulle sanction n'est prise à leur égard. Cependant, au 2ᵉ chasseurs d'Afrique à Mascara, un officier supérieur exige une punition exemplaire pour cet acte d'indiscipline concerté. Le Consistoire, alerté aussitôt, intervient au T. O. A. F. N. auprès de Noguès et en définitive l'officier supérieur est désavoué.

Ceci n'explique-t-il pas cela ? Et les accents d'un Céline ou d'un Rebattet pour fustiger cette chienlit offenseront-ils encore les bonnes âmes aryennes toujours prêtes aux sensibleries éculées !...

III. — L'agression américaine

> *Les Juifs qui ont dû quitter l'Europe doivent être éduqués dans de vastes cours scolaires aux frais du gouvernement des Etats-Unis pour devenir des propagandistes mondiaux et ensuite être placés — après la victoire de l'Amérique — aux postes dirigeants des Etats européens.*
>
> Le Juif Louis Adamie, grand ami de M. Roosevelt, dans son livre *Le voyage circulaire*.

En dehors des causes purement impérialistes qui provoquèrent l'agression dont fut victime l'Algérie, le 9 novembre dernier, il faut savoir qu'aux Etats-Unis les *"Juifs ne sont pas seulement plus nombreux que dans les autres pays, mais encore se distinguent par une richesse et une influence politique particulières*(4) *"*.

Ils ont su pénétrer, par vagues successives, dans les classes dirigeantes les plus riches. Ils ont également réussi à se camoufler sous un nationalisme américain tapageur, qui monopolise le droit de représenter avec exclusivité l'américanisme authentique, de bonne souche, l'américanisme cent pour cent américain.

Il serait difficile ici d'expliquer les proportions

---

4). Raimund Schulz, *Le grand espace économique européen*.

Incroyables de la mainmise juive sur les Etats-Unis(5). Il ne suffirait pas de dire, par exemple, que M. Roosevelt a du sang juif ou d'insister sur l'influence profonde de Wall Street et de la presse, entièrement enjuivées.

De nos jours, rien ne peut être décidé aux U.S.A. sans l'assentiment des Juifs. Contre leur volonté, rien ne se passe dans la politique, dans l'économie, dans la vie sociale, artistique ou dans n'importe quel autre domaine d'activité du pays. Les problèmes les plus essentiels d'un peuple de 130 millions d'âmes, son sort, son avenir, les décisions de guerre ou de paix, bref, la vie même des Etats-Unis dépendent exclusivement du bon plaisir d'une petite minorité raciale. *"L'Amérique est soumise plus que jamais à la dictature du dollar. Or, Wall Street tout entière est aussi enjuivée que la chaîne solide et bien enchevêtrée des trusts et holdings américains."*

La finance juive commande les opérations américaines de guerre.

Nous savions que les chefs gaullistes de la *"France combattante"* avaient jeté leurs hommes contre les troupes françaises et qu'ils s'étaient ainsi couverts de honte et de sang(6).

Nous savions que, dans leur vanité, nos chefs militaires, balayés par la Wehrmacht, portaient une cuisante blessure et qu'ils étaient prêts à accepter n'importe quelle alliance, n'importe quelle complicité, n'importe quel marché pourvu que leur soit donnée, avec quelques satisfecit sonores et rutilants, la joie de voir leurs vainqueurs mis en échec.

Nous venons d'assister enfin à l'acte particulièrement immonde qui s'est déroulé en Algérie et au Maroc, où amiraux et généraux feudataires ont joué la comédie de la fidélité au Maréchal pendant quelques heures, pendant quelques jours, *pendant que les équipages des torpilleurs de Casablanca, les soldats de la Légion et de l'infanterie coloniale tombaient sous le feu de leurs complices américains et anglais.*

---

5). Voir *Cahier Jaune, L'Amérique, dernier espoir d'Israël*, novembre 1942, 21, rue La Boétie, Paris.

6). *Les Ressorts de la dissidence*, J.-A. Foex.

Dans l'Histoire, le rôle joué par les de Gaulle, Giraud, Darland, Juin, Noguès, Catroux, apparaîtra comme l'illustration la plus laide et la plus déshonorante de cette période de honte et de malheur.

Mais ce ne sont là que de tristes images d'Épinal, des étals nauséabonds de marchandages, des exhibitions de traîtres vendus au rabais, une compétition dans l'agenouillement et la prosternation devant Roosevelt, ses Juifs et ses dollars.

Derrière cette estrade galonnée et constellée d'étoiles, où les pantins militaires se font des réputations de proconsuls avec le sang des autres, il y a la sordide réalité que nous allons voir.

L'action des trusts.

Précédant et suivant les armées, les cuirassés et les avions, *dans tous les cas*, il y a eu les agents des trusts.

Depuis l'affaire syrienne jusqu'à la chute d'Alger, ces hommes ont toujours été les artisans ignorés, implacables, cruels et terriblement efficaces de notre effondrement colonial. Ce sont eux qui ont prémédité les catastrophes françaises d'outre-mer.

Prise d'option juive sur les richesses mondiales.

Avant tout, il faut comprendre ceci :

L'histoire de notre XXe siècle est celle de l'industrialisation, des sociétés anonymes, des transferts de richesses en *"symboles-or"* et valeurs bancaires qui passent ensuite aux mains des Juifs.

La guerre mondiale 1914-18, avec ses 10 millions de cadavres et la destruction des élites raciales, puis la société anonyme des peuples dirigée par les Juifs que fut la S.D.N. ne furent que les préludes à la mainmise hébraïque sur le monde.

Révolution marxiste en U.R.S.S. faite par des Juifs, prolétarisation du peuple russe. La révolution s'allume en Allemagne, Hongrie, Pays Baltes, etc., l'entreprise de prolétarisation marxiste se poursuit à l'Est pendant que la mainmise capitaliste se renforce à l'Ouest.

Nous sommes à la veille du triomphe de l'impérialisme juif.

1933 : Un nouveau racisme s'oppose au racisme d'Israël.

Jusqu'en 1939 les forces capitalistes se déchaînent contre l'Allemagne.

1939 : Mobilisation Générale de tous les peuples possibles contre le racisme aryen. L'U.R.S.S. est en position d'attente, aux prises elle-même avec deux tendances : le marxisme juif et un socialisme russe.

1940 : Guerre de Finlande. Le capitalisme juif de l'Occident n'est pas tendre pour l'U.R.S.S., il menace, prépare des corps expéditionnaires qui ne partiront jamais. L'U.R.S.S. doit comprendre et rentrer dans l'ordre marxiste et internationaliste. Elle comprend et rentre dans cet ordre.

1941 : La machine de guerre de l'U.R.S.S. est maintenant bien au point, on pourra la jeter contre le racisme allemand, et faisant d'une pierre deux coups, les Juifs abattront le racisme concurrent et réaliseront la prolétarisation de l'Europe dans le chaos. Guerre entre le Reich et l'U.R.S.S. Le capitalisme anglo-saxon vole à son secours. Devant ce paradoxe, l'ouvrier ne comprend plus. Tout est pourtant clair, le passé éclaire le présent. *Le grand capitalisme s'allie au bolchevisme parce qu'ils ont l'un et l'autre un seul maître,* qu'ils travaillent l'un et l'autre au profit du Juif. Le triomphe du bolchevisme en Europe n'épouvante pas le capitalisme de Londres et de New-York, bien au contraire. La prolétarisation de l'Europe renforcera la concentration de puissance capitaliste aux mains des Juifs en détruisant le petit capitalisme local aryen, industriel ou terrien, détruira le racisme qui s'oppose à celui d'Israël, en réveillant toutes les consciences populaires traditionalistes d'Europe, et permettra enfin la réalisation du vieux rêve : *la société anonyme universelle avec un conseil d'administration de 20 millions de Juifs détenant la richesse mondiale, les corps et les âmes des populations.* (Marc Augier.)

C'est pourquoi cette guerre est une révolution. Deux conceptions du monde s'affrontent avec violence, en une lutte sans merci : d'une part, le capitalisme anglo-saxon, camouflé sous l'uniforme démocratique ; d'autre part, les nationaux-socialismes des nations prolétaires, Allemagne, Italie, Japon. Nous ne nous étonnerons donc pas de trouver au premier rang des pourrisseurs et des machinateurs de la dissidence les délégués des trusts internationaux.

Ici, pour bien faire comprendre le mécanisme de la dissidence coloniale, un peu d'histoire de l'économie politique est nécessaire.

Les trusts se sont développés à l'abri des tarifs douaniers jusqu'au jour où des accords ont été conclus entre les trusts de différents pays et où des contacts durables se sont établi ; en vue de rechercher en commun de meilleures exploitations, de profitables concentrations financières et de plus épais bénéfices ; *c'est ainsi que les holdings sont nées.*

La holding est une espèce de super-trust, essentiellement internationale, qui répartit son activité par l'intermédiaire d'une multitude de filiales nationales auxquelles elle impose toutes ses directives et une stricte discipline en gardant en main la majorité des actions et les possibilités de financement. La holding organise ainsi de vastes réseaux mondiaux de production, de distribution et de transports en juxtaposant ses entreprises de tous les pays.

La " Royal Dutch " et la " Standard Oil ", par exemple, possédaient et possèdent encore de semblables systèmes, allant des champs de pétrole aux postes distributeurs d'essence, en passant par les flottes de pétroliers, les chantiers navals, les usines métallurgiques, etc.

De même, un exemple typique par son ampleur et sa complexité est le trust " Unilever " qui étend ses ramifications du coprah australasien à la margarine Astra de votre épicier, au moyen d'une chaîne aux innombrables maillons : raffineries, huileries, savonneries, compagnies de transports routiers et maritimes, plantations, etc.

D'une manière générale, grande trusts et holdings ont à leur tête des conseils d'administration mixtes anglo-américains et, dans les cas particuliers, des émissaires juifs qui assurent la coordination.

Dès les premiers jours de la guerre, tout cet appareil a joué en faveur du camp des démocraties, c'est-à-dire des oligarchies financières.

Cet instrument de coercition économique a été utilisé à fond à des fins politiques. *Partout où existaient des entreprises, exploitations, compagnies ou comptoirs rattachés directement ou indirectement aux trusts, du même coup se trouvaient installées des positions anglo-saxonnes.*

C'était le cas de toutes nos possessions coloniales où la mainmise britannique ou américaine était généralisée depuis longtemps dans le commerce et la navigation. Dès les premiers pas de la dissidence, le dispositif fonctionna.

On l'a vu tour à tour fonctionner au Gabon, puis dans toute l'A.E.F. En Syrie ensuite, avec de Gaulle, où les pétroles furent la proie du judaïsme international. En A.O.F. avec Boisson. En Algérie et au Maroc enfin, avec Darlan et Giraud, puis avec Giraud seul, après que Darlan eut payé sa dette.

Entre pirates.

Mais une lutte impérialiste de cette nature, par les intérêts multiples et divergents qui la dirigent, présente souvent des aspects inattendus et pour le moins singuliers.

Lorsque de Gaulle, au moment de l'armistice, a été reconnu par le gouvernement britannique comme chef des *"Français libres"*, il dut promettre que la reconstruction de la France et de ses colonies serait confiée exclusivement à l'Angleterre. Il s'agissait d'une affaire de très grande envergure qui intéresse au plus haut degré la Cité. Comme contre-partie, les Anglais ont promis de mettre à la disposition de DE Gaulle les moyens financiers et les armes nécessaires. Bien que ces accords aient été conclus à une époque à laquelle les Etats-Unis n'étaient pas encore entrés en guerre, les financiers juifs américains avaient fait des efforts pour participer à l'affaire. Mais la finance américaine avait échoué, ce qui a eu pour conséquence l'incident de Saint-Pierre-et-Miquelon, dont l'occupation par l'ex-amiral Muselier au nom de DE Gaulle n'avait pas été tolérée par le gouvernement de Washington.

Dès cette époque, de leur côté, les Etats-Unis ont essayé de s'assurer cette affaire en traitant directement en France avec des personnalités françaises. L'intermédiaire était un diplomate américain attaché à l'ambassade des Etats-Unis à Vichy, Murphy, qui promit au président du Conseil français de l'époque, l'amiral Darlan, l'aide militaire et économique des Etats-Unis si Darlan accordait à la finance américaine le monopole de la reconstruction de la France et de ses colonies. L'affaire a été conclue et Murphy se rendit à Alger en qualité de consul général des Etats-Unis. Le 8 novembre, les autorités françaises ont arrêté Murphy, comme l'a annoncé le *New-York Daily Mirror* du 11 novembre. Ultérieurement, Murphy a naturellement été relâché et s'est porté garant auprès du général Eisenhower de la loyauté de Darlan envers les Etats-Unis.

C'est toute l'explication du grand drame que vient de vivre notre Afrique du Nord.

Stratégie ? C'est possible ! Mais alors, but secondaire ! ...

La véritable raison réside dans la volonté de la finance juive d'asservir à ses trusts l'économie africaine, grâce à quoi l'on pourra prétendre un jour à vassaliser l'Europe...

Ils ne cachent même plus leurs buts ! ...

Le chef sioniste Chaïm Waizmann, professeur à l'Université hébraïque de Jérusalem, ne vient-il pas, dans la revue *Tel Aviv*, de préconiser l'annexion de la Palestine comme 49e Etat des Etats-Unis ?

"New-York et Jérusalem sont, a-t-il déclaré, les deux plus fortes positions juives du monde. L'occupation de l'Algérie par les soldats américains a jeté un pont entre elles. Il est donc temps que la communauté

juive donne publiquement ses vues sur les intentions du Président des Etats-Unis en Afrique et dans le Proche-Orient."

Voilà qui est clair, n'est-il pas vrai ?

Aussi clair que les menées juives dans toute l'Algérie.

Depuis l'entrée des Sammies en Afrique du Nord, Israël ne dissimule plus sa joie. Ses changeurs quémandent les dollars-or apportés par les agresseurs et s'en servent pour organiser le stockage des denrées et le marché noir. Rendus à la plénitude de leurs droits, à leurs boutiques, à leurs fonctions, à leurs anciens privilèges, ils triomphent, selon leur habitude, sans la moindre modération et menacent les colons français et les commerçants musulmans de dénonciations à l'autorité américaine.

Le grand rabbin d'Alger adresse au président Roosevelt — cette grande idole juive — avec ses félicitations pour l'heureux coup de main opéré contre la France, les bénédictions réservées au *"Moderne Salomon"* de l'humanité yankee...

La vengeance juive s'abat partout, jusque dans les douars les plus lointains, contre les Français restés fidèles à la France et contre les musulmans restés fidèles à leur foi, comme en témoigne la protestation indignée du Grand Mufti :

"Lorsque, au cours de la révolution de Palestine, les Arabes et les mahométans unis se défendirent contre le danger juif et qu'ils eurent presque réussi, en 1939, à contraindre l'Angleterre à leur rendre une notable partie de leurs droits, les Etats-Unis, sous la pression juive, mirent tout en œuvre pour empêcher que les choses n'allassent plus loin.

"La guerre actuelle a révélé la puissance de l'influence juive aux Etats-Unis. Les Juifs et les capitalistes ont poussé les Etats-Unis à étendre le théâtre du conflit, afin de soumettre de nouveaux territoires à leur influence.

"Les Nord-Africains savent bien qu'à l'origine de leurs malheurs actuels, se trouvent les Juifs. L'agression américaine renforce la puissance des Juifs, accroît leur influence et multiplie leurs méfaits. Avec l'aide des Américains, les Juifs intensifieront leur exploitation des territoires nord-africains, ainsi qu'ils l'ont fait partout."

... Et passent à l'offensive.

A Oran, la terreur jaune déroule son hystérie conjointement à celle des rouges. De nombreux *"dynamiteros"* et communistes espagnols se sont mis à la disposition des forces yankees. Des otages ont été pris parmi la population et exécutés sans pitié.

A Alger, les camps de concentration sont ouverts aux colons fidèles au Maréchal. L'affreux Juif Bernard Lekache, agitateur mondial, est devenu directeur de *L'Echo d'Alger*, le plus grand quotidien d'Algérie... Quoi de plus naturel ?

N'en fut-il pas de même dans les autres territoires africains conquis par les Anglo-Gaullistes ?

Car les Juifs pullulent maintenant à Pointe-Noire et à Brazzaville, venus de Londres d'où les avaient délogés de trop fréquents bombardements. De même que Kerillis et la mère Tabouis avaient trouvé prudent de traverser l'Atlantique, ceux-ci, désertant les brouillards de la Tamise, sont venus passer un hiver sous un ciel serein et éloigné de la rumeur des avions. En quelques jours, presque tout le commerce fut entre leurs mains. Lévy et Cohen, dans les cases luxueuses des chefs de comptoirs internés, président aux destinées économiques de l'A.E.F. D'autres, qui avaient été attachés à la rédaction d'obscurs organes parisiens, n'ayant pas réussi à se faire passer à Londres pour des journalistes de haut vol, sont venus chercher fortune à la colonie. Ils l'y trouvèrent, d'ailleurs, en prenant la direction de *L'Etoile d'A.EF.* et de *L'Eveil du Cameroun*, imprimé à Douala et qui devint *Le Cameroun Libre*.

Ils règnent également en maîtres à la radio de Brazzaville, qui reprend avec plus de lourdeur et de grossièreté encore, s'il est possible, les injures déversées sur le Maréchal et son gouvernement par les Weiskopf et les Boris à Londres ! Ils règnent aussi en Syrie où la Juive mariée à Catroux vient de se voir décorer de *"la médaille militaire"* et de *"la croix de guerre"* avec étoile d'argent !...

Ils règnent enfin partout où leurs agents américains enrôlent de force les indigènes, traquent les opposants, assassinent les amis de la France…

A Alger, les communistes ont été libérés et possèdent maintenant un journal. Voilà qui ne manquera pas de réchauffer le cœur des petits bourgeois gaullistes, des catholiques démocrates et celui des hommes de lettres qui prônent la liberté de penser et d'écrire. On sait que le communisme russe a été déformé par les collaborationnistes. Si les Soviets n'étaient pas contents de leur sort, ils ne se défendraient pas avec un tel acharnement. Les Russes ont modernisé leurs théories. Chez eux, tout le monde pense librement, les prêtres peuvent dire leur messe, les églises sont ouvertes, on protège la femme, l'enfant, le vieillard, le capitalisme, la petite épargne ; enfin, c'est presque comme en France.

Sept officiers français, qui ont refusé de combattre pour les Etats-Unis, ont été fusillés. En langage clair, on appelle cela de la *"dissidence"*.

Les hommes de main des brigades rouges internationales, qui s'étaient réfugiés en Afrique du Nord après la guerre d'Espagne, ont été relâchés. Il n'y a rien à dire là-dessus. Ou on est démocrate, et le criminel a le droit de faire ce qu'il lui plaît, ou on est autoritaire, et la liberté de tuer est réduite à néant.

C'est ainsi que, dans toutes ces sombres histoires, la véritable victoire c'est le Juif qui l'a eue. Sachant que les Français ne se feraient jamais trouer la peau pour ses beaux yeux, il a profité d'un argument de première valeur l'antagonisme franco-allemand. En développant la germanophobie dans toutes les couches sociales, depuis le militaire jusqu'au prêtre en passant par le capitalisme et le prolétariat, il s'est amené un moyen de défense sans pareil. Sous la couverture du patriotisme, de la liberté et de la chrétienté, il a su s'annexer la France. Ce qui fait qu'à l'heure actuelle, il n'y a pas plus esclave qu'un homme *" libre "*. Il appartient corps et âme au Juif ; il fait sa révolution ; il prépare son règne. Il n'existe plus d'unité à défendre ou de sol à protéger, mais l'universelle juiverie, en passe de réaliser son rêve millénaire…

Appel aux consciences libres… S'il en reste.

Et voilà, Français, mes compatriotes, pourquoi l'Algérie n'est plus française. Et pourquoi aussi, elle risque de ne le redevenir jamais. Nous ne faisons pas d'alarmisme. Nous exposons des faits patents avec l'angoisse de voir une colonie où tout ce qui a été fait est l'œuvre du génie français, construit par des mains de chez nous et scellé du sang de nos pauvres pioupious, sombrer à jamais par la volonté de quelques illuminés imbéciles, de quelques lâches galonnés et de quelques gredins rompus à la trahison.

Avec l'angoisse aussi de savoir Israël au centre de toutes les sales manœuvres, maniant son or comme d'autres manient en son nom le stylet, sur cette terre où nos frères musulmans, la rage au cœur, après avoir vu disparaître nos trois couleurs, doivent aussi s'incliner devant la rouge guenille de l'impérialisme judéo-bolcheviste !…

Oui, quelle angoisse, et quelle douleur aussi. Et comme le vieux Bugeaud, *"l'homme à la casquette"* de nos populaires refrains d'antan, avait raison lorsqu'il demandait l'élimination des Juifs de notre Afrique du Nord…

Si cette race méprisable et haineuse n'avait pas été en mesure d'intriguer, de circonvenir, d'acheter, de pourrir les consciences, nous ne serions pas tombés si bas. Nous ne serions pas tombés au point de ne vivre plus que de souvenirs historiques !…

Le comprendrons-nous un jour ?

Entre Israël et nous, c'est une question de force. La guerre qui ensanglante encore notre vieux monde serait terminée depuis longtemps si le règlement de la question juive avait été abordé, courageusement, lucidement.

Il faut qu'il le soit. Il est urgent de le comprendre.

Dans le moment où l'allié d'hier nous assassine lentement, où l'Américain nous pille, où le Juif nous livre et nous vend, où tous nous arrachent, avec nos biens les plus précieux, jusqu'à notre meilleur orgueil d'homme, ne faut-il pas avant tout chercher à comprendre ?

Et comprendre pour être en état, moralement et matériellement, de récupérer un jour ce qui nous a été si brutalement, si malhonnêtement escroqué ?

Les pensées anglaises ne sont pas pour nous une référence. Mais il en existe au moins une qu'on devrait bien s'assimiler pour se pénétrer de la vérité qui en découle. Elle est de H.-G. Wells.

La voici :

" C'est l'intelligence et la force, et non le sentiment propre aux âmes faibles, qui nous rendront notre grandeur et notre sécurité."

Ce sont là sentiments purement aryens ; nous pouvons essayer la recette. L'essentiel est de revivre et de revoir un jour nos trois couleurs flotter aux côtés du drapeau vert de l'Islam, sur les villes de l'Afrique du Nord, reconquises par nos armes et délivrées — une fois pour toutes — de l'écœurante exploitation judaïque.

Première édition

AUTORISATION N° 17938
IMPRIMERIE A. T. S. - PARIS
MARS 1943

Seconde édition

DÉCEMBRE 2018

© 2018 TOUS DROITS DE REPRODUCTION ET TRADUCTION RÉSERVÉS

www.ingramcontent.com/pod-product-compliance
Lightning Source LLC
LaVergne TN
LVHW041551060526
838200LV00037B/1233